JN123033

\今こそ/
地方自治を住民の手に

自治研運動の
はじまりと
自治体問題研究所
発足の必然

大阪自治体問題研究所＝編

自治体研究社

もくじ

ごあいさつ

一般社団法人 大阪自治体問題研究所　理事長　**梶　哲教**

　この冊子は、大阪自治体問題研究所の機関誌「おおさかの住民と自治」2023年5月号及び9月号に自治体問題研究所60年・大阪自治体問題研究所50年の記念特集として掲載したものに、解説や理解を深めるためのコラムなどの加筆をして作成しました。

　設立当時の事情に詳しい宮本憲一先生に、自治体問題研究所設立の前史から設立の必然性、その後の自治研運動の発展と研究所が果たしてきた役割についてお伺いした内容を学習資料としてまとめたものです。

　宮本先生は、財政学の研究者で、自治体問題研究所の第3代理事長も務めておられます。研究所の果たすべき役割をめぐって宮本先生がお考えであったこと、実際に取り組んでこられたことについて、率直なご意見ご経験などお話しいただくことができました。加えて、文中では自治体問題研究所が今後果たしていくべき課題についても触れておられます。

　大阪を席巻する維新政治は、教育・文化、医療・福祉の分野を「自己責任」とし、公務の民間化を推進する新自由主義的な政策を強行しています。

　その一方で、大阪湾の埋立て地・夢洲にカジノ中心の統合型リゾート（ＩＲ）を誘致し、そのためのインフラ整備を兼ねて万国博覧会を開催するという、大型開発依存の成長政策に固執しています。こうした開発政策は大阪はもちろん、各地で破綻しており、「維新の会」の掲げる政策に未来を託することはできません。

　主権者である地域住民を真ん中に置き、自治体労働者や関係者、研究者の方々と力を合わせて住民自治・地方自治の確立に向けた取り組みを進める自治体問題研究所の役割は、ますます大きくなっています。

　研究所の設立当時のことを知る人もわずかとなっています。この冊子を自治研運動から研究所が誕生し活動を続けてきた歴史と意義について理解するための資料として、広く活用してもらえれば幸いです。

宮本憲一（みやもと けんいち）

1930年、台北市生まれ。名古屋大学経済学部卒業。金沢大学助教授、大阪市立大学教授、立命館大学教授、滋賀大学学長を経て、現在、大阪市立大学名誉教授、滋賀大学名誉教授

専　攻
財政学、環境経済学

主要著作
『恐るべき公害』共著、岩波新書、1964年

『社会資本論』有斐閣、1967年

『日本の環境問題―その政治経済学的考察』有斐閣、1975年

『財政改革―生活権と自治権の財政学』岩波書店、1977年

『都市経済論―共同生活条件の政治経済学』（経済学全集21）
　　筑摩書房、1980年

『現代資本主義と国家』（現代資本主義分析4）
　　岩波書店、1981年

『地方自治の歴史と展望』自治体研究社、1986年

『日本の環境政策』大月書店、1987年

『環境経済学』岩波書店、1989年

『環境と開発』（岩波市民大学 人間の歴史を考える 14）
　　岩波書店、1992年

『公共政策のすすめ―現代的公共性とは何か』有斐閣、1998年

『都市政策の思想と現実』有斐閣、1999年

『日本社会の可能性―維持可能な社会へ』岩波書店、2000年

『沖縄21世紀への挑戦』共編、岩波書店、2001年

『日本の地方自治 その歴史と未来』自治体研究社、2005年

『維持可能な社会に向かって』岩波書店、2006年

『環境経済学　新版』岩波書店、2007年

『沖縄論―平和・環境・自治の島へ』共編、岩波書店、2010年

『戦後日本公害史論』岩波書店、2014年

『自治・平和・環境』自治体研究社、2015年

『翁長知事の遺志を継ぐ―辺野古に基地はつくらせない』
　　共編著、自治体研究社、2018年

戦後地方自治と自治研活動の始まり

新憲法下における地方自治研究の未確立と自治研運動の構想づくり

宮本憲一先生 戦後、憲法で地方自治が平和・基本的人権の尊重・民主主義とともに大きな柱として設定された ⬛ わけですが、日本の場合、地方行財政や地方自治は大正デモクラシー前後の一時期を除き、必ずしも学界や研究者の中では十分な議論・研究がされていなくて、憲法学者でも「民主的な中央政府があれば地方自治も民主的になる」という考え方が多かったんですね。

しかし実際には憲法で地方自治が規定されたにもかかわらず、戦争直後は地方行財政の負担ばかりが大きくなったわけです。公共事業や福祉行政が戦時中の軍事費に代わって大きくなった時にその責任は地方自治体に持たされたんです。

ところがそれに伴う財政の確立がないものですから、たちまち地方財政が窮乏に陥って「地方財政再建促進特別措置法」⬛ という地方自治を侵害するような法律が1955年につくられて多くの自治体が、当時多発した台風などの災害復旧の費用すら支出できない状態になった。職員の賃金遅配はもちろん、生活保護費まで遅配となる状況でした。

そういう状況の下で、これでは困るのではないかと。行政の末端で現実に住民と接触している自治体労働者の中から「地方自治とはなんだ」「地方自治を確立するとすればどういうことが必要なのか」という疑問や運動が起こってきました。

当時自治労連（旧）と自治労協という自治体労働者の労働組合が統一

日本国憲法　第8章　地方自治

第92条　地方公共団体の組織及び運営に関する事項は、地方自治の本旨に基いて、法律でこれを定める。

第93条　地方公共団体には、法律の定めるところにより、その議事機関として議会を設置する。

　　　　地方公共団体の長、その議会の議員及び法律の定めるその他の吏員は、その地方公共団体の住民が、直接これを選挙する。

第94条　地方公共団体は、その財産を管理し、事務を処理し、及び行政を執行する権能を有し、法律の範囲内で条例を制定することができる。

第95条　一の地方公共団体のみに適用される特別法は、法律の定めるところにより、その地方公共団体の住民の投票においてその過半数の同意を得なければ、国会は、これを制定することができない。

地方財政再建促進特別措置法［昭和30年法律第195号 1955.12.29公布］

　戦後憲法が制定され、義務教育の6年制から9年制への変更、公営住宅建設、公的病院運営、福祉関連の様々な社会サービスなどが自治体の役割とされ、負担が一気に膨らみましたが、それにふさわしい財政制度は不十分でした。加えて戦時中には国土保全の事業が行われず、1950年代前半に連続して起きた台風等の災害復旧などもあり、自治体はたちまち財政危機に陥りました。

　1955年にこの法律が制定され、「財政再建団体」として指定された自治体（18府県、171市、409町村）は、自治庁に財政再建計画を提出し、承認を得て起債（お金を借りる）し、その利子分の補給を受けました。

　一方、財政再建団体は事実上自治権が奪われ、自治庁が管理する財政再建計画に従い、職員数の削減、給与水準の適正化、新規事業の繰り延べ等による支出節減、地方税・使用料・手数料の増額や徴収増などを強制されました。

し（1954年）、自治労（全日本自治団体労働組合）が発足しました。

　その直後、56年に自治労中央委員会は地方自治研究集会（自治研集会）を開こうということを提起しました。「地方自治とは何か」「地方行財政はどうあるべきか」ということを勉強する必要があると。これは実は、日教組が「教育研究全国集会」（51年から）をやっていて、これが当時政治を動かすぐらいの大きな運動になっていたことから学んだ発想だと思います。

大きな反響を呼んだ第１回自治研集会の開催

　この中央委員会の方針を受けて、1956年秋、当時の自治労本部が自治研集会のような取り組みをすることについて研究者がどう考えているか知ろうと、当時の地方自治研究の巨頭とも言われた東京大学の**辻清明先生**、立教大学の**藤田武夫先生**、京都大学の**島恭彦先生**の３人に相談して来てもらえるかどうか確かめようとしたんです。

　しかし「直接、御大に聞いたら失礼なことになる」ということで、その弟子はどうかとなった。藤田先生のところは**小沢辰男さん**、島先生のところは私。その二人が自治労に呼び出されて「先生、こういう計画はどうですか？　研究者は協力してくれますか？」って。

　その相談を受けて、先生たちとも議論したんですけど、結論は「やった方がいい」ということになったんです。

　それで57年に自治労主催で、「自治体は住民の要求にどう応えているか」を基本テーマとして、第１回地方自治研究全国集会が、甲府で開かれました。これには非常に大きな反響が寄せられました。

　朝日新聞が三面全部を使って「お役人の反省」と大きな見出しで報道しました。

第1回地方自治全国研究全国集会
甲府市　1957年4月5〜6日

| 辻清明
政治学者、行政学者　著書に『行政学概論』『日本の地方自治』など

| 藤田武夫
財政学者、著書に「日本地方財政制度の成立」「日本地方財政論」など

| 島恭彦
経済学者、著書に『近世租税思想史』『財政学概論』など

| 小沢辰男
経済学者、著書に『現代資本主義と地方財政』『現代地方財政の構造』など

　確かに「お役人」ではないんだと。我々は住民に奉仕をする。「我々は官僚ではない。政府に仕えるんじゃなくて『全体の奉仕者』だ。そういう視点で始めよう。」ということになったんです。

　以後、革新自治体（第三章に解説）が衰退するまでの間は雑誌や新聞も自治研集会については必ず大きな報道をするぐらい影響力があったと思います。

初期の自治研運動と研究者の関わり

　自治研は研究者にも非常に大きな影響を与えていました。地方自治とは何か、みんな正直なところよく分かっていないところがあったからです。私たちも明治維新にさかのぼって、その前後から地方自治の歴史的な勉強をしなきゃならないという状況でした。

　この研究会は、ある意味でいうと地方自治に関わる学会みたいなものでした。もちろん藤田・島、そのほか学際的にということで、**庄司光**、**丸山博**、それから参院議員で地方行政に関心があった**木村禧八郎**など、とにかく第一線の研究者が集まった。

　若手では**松下圭一**、**柴田徳衛**、小沢辰男、私・宮本憲一たちが入った。だから学会の代わりみたいなことで、最初は運営も非常に民主的でした。

　「研究者は研究の自由を持つ」「自治労の集会だけれども、研究者は自

庄司光
環境衛生学者、著書に『環境の衛生学』『住居の衛生学』『環境衛生学概説』など

丸山博
衛生学者、著書に『公衆衛生』『社会医学研究』など

木村禧八郎
元社会党参議院議員、経済評論家、著書に『インフレーション』など

松下圭一
政治学者、著書に『シビル・ミニマムの思想』『市民自治の憲法理論』など

柴田徳衛
経済学者、著書に『現代都市論』『日本の都市政策』など

治労の方針に従属するのではなく、研究の自由を持つ」「もちろん労働組合が一生懸命やろうとすることについては協力する」。こうした関係は80年代の半ばにひっくり返されることになりましたが、それまでは研究者集団は自治研の中でも別の会議を持って、自治労の方針が決まっても、それを我々が履行するものではないという立場でした。

　だから常に研究者集団の幹事長と幹事を中心にして、研究者の方で「今年の自治研集会はこういうことをやるべき」と提起をし、自治労の中央執行委員の意見とのちがいがあっても必ず議論して、その集会の基本方針を決める。そういう極めていい形で発足しました。

　これはやはり最初から藤田・島という東西の地方自治研究の中心人物が中心にいた、その権威を自治労としてはひっくり返すことができない。その下で我々が「研究者の自由」というものを強く言うものだから、それを踏まえたうえで初めから生み出されたわけです。

自治研運動のあり方をめぐる議論と、自治体問題研究所の設立へ

　実は、自治研運動をめぐっては、最初から私たち研究者と労働組合との間に重要なことについて意見が分かれている点がありました。

　自治労としては「自治研は自治労のための組合活動である」と位置づけました。私たち研究者は「そうじゃない、これは国民の自治研あるいは市民の自治研運動であって、決して組合・自治体労働者だけの研究集会ではない」としました。

　もちろん自治体労働者が現場で苦労しているので、その問題をどう解決するかは柱としてはあるけれども、方針としては組合活動だけに利するというものであってはならないので、「市民のための地方自治というものをめざしたい」と主張したのです。

　意見の相違がはっきり出たのが、『自治研のて

自治研のてびき

入門から実践まで

全日本自治団体労働組合

びき』改訂版：自治労（1958年12月発行）の編纂作業の中でした。

　「自治研活動とは何か」という基本方針について研究者と自治労役員との間で議論した末に、「国民の自治研」を謳ったわけだけれども、当時の自治労幹部としてはなかなか納得がいかないところがあった。「我々がお金を出して、組合の賃上げの運動以外にものすごいエネルギーを使ってやっているのに、市民の自治研とはなんだ」という意見は常にありました。

　このときは侃々諤々の議論の末、妥協案のようなもので**「自治研活動とは、住民の地方自治を守り、民主主義を発展させるための自治労の運動」**とすることで、とりあえずは落ち着けたんです。

　そんな経過もあって、このままだと自治研運動の本来の狙いである、市民の手に地方自治を取り戻す運動にならない、自治労が「うん」と言わなければ動かないのでは困るということで、私たち研究者や衛都連などは、本来の市民の自治研・国民の自治研というものを研究し活動する研究所を作りたいということになったんですね。

梶哲教大阪研理事長　先ほど研究者の先生方の中で独自の会議を開いておられたというお話をされたんですけれども、独自の会議はどういう形で運営をされていたのでしょうか。

　研究者の方が継続的に準備のために研究会を開くような仕組みがあったのか、もう一つには、研究者が全国的に集まる費用は自治労が負担する形になっていたのか。そういった点を補足的にご説明いただければと思います。

宮本　最初はもちろんお金がどこからも出ないわけですから、自治研集会を開く前に準備をする会議の時に、研究者が今年の集会をどうするかという独自の会議を開いたんですが、それは自治労が費用を負担した準備会で、自治労主催の自治研集会の準備会でもありましたから、全体の会議を開く前に研究者だけで集まって議論していました。

　研究者の幹事長と幹事を決めて、幹事長が責任をもって招集する。集会準備の会議の前に研究者会議をやる。そういう習慣でしたね。

第二章

自治体問題研究所設立 大阪でスタート

設立を支えた衛都連の活動

宮本 私たち研究者とともに、本来の市民の自治研・国民の自治研というものを研究し活動する研究所を作りたいということになったというのは、やっぱり当時の衛都連（当時の名称：自治労大阪府本部衛星都市職員労働組合連合会）の方針が優れていたことが原因だと思います。

　衛都連は、当時は自治労の組織に入っていましたけど、「行動綱領草案」 ▣ をつくる議論を職場で進め、発信するなど、独自の運動方針を持っており、衛都連の運動は自治労の中では光っていたわけです。当時、自治労の中で自治研運動が強かったのは福岡だとか大阪、長野ですね。

　また、自治体問題研究所をつくる前段で、島先生を中心に毎年の自治研集会とは別個に、地方自治の研究活動を始めました。衛都連の労働者も加わって、研究者と一緒に議論する場なんですが、「島道場」と言われました。

　新しく本来の自治研、つまり「地方自治を住民の手に」という研究所を作ろうということで、1963年3月、自治体問題研究所の設立総会を開き、私は設立記念として「地域開発政策の問題点」というテーマで講演しました。

　特に設立の当座は財政・事務所も持っていない中、当時衛都連本部があった吹田市職労に併設するという形でスタートしたんです。自治労が始めた自治研運動の流れではあるけれども、「市民の手に地方自治を」というのが自治体問題研究所を作る時の基本方針なんですよね。

衛都連行動綱領草案　1963.6.14発表

第三章　地域住民の要求を基礎にして自治体の民主化をかちとり、真の地方自治を実現するための諸課題より抜粋

衛都連は組合結成の当初から、地域住民の要求を基礎にして、自治体の民主化をかちとり真の地方自治に実現のためにたたかうことを、重要な綱領的な任務のひとつとみなしてきた。衛都連運動が地域住民の要求にもとづく自治体闘争を捨ててかえりみないということはなかった。

「地域住民の繁栄なくして、自治体労働者の幸福はない」これがわが衛都連の基本的立場である。

さらに、地方自治体の民主化をかちとり、地方自治の実現をめざすたたかいのなかでこそ、日本社会の民主的発展を地域でおしすすめることも可能になるのである。

『衛都連二十五史』より

大阪で始まったのは、衛都連の支援だけではなく、地方自治関連では関西系の学界のメンバーが多かったということです。その中心に島先生、庄司先生と、学会の代表者が揃っていましたから。

坂田俊之衛都連書記長（当時）　先ほどの先生のお話ですと、当時の自治労の本体・主流派は「自治労の自治研」と言っていて、それに対して先生たちが「国民のための自治研にする」と言っている。衛都連の先輩たちは研究所設立を支える方に向かうわけですから、「国民のため、住民のための自治研にする」という高い志というか、そんな風に考えていたということなんでしょうか。

宮本　衛都連といっても、最初から一本ではなかったと思いますよ。僕が発言すると「宮本は自治体労働者向きでなく市民派だ」とケチを付ける者もいました。

全体としては衛都連の本部としては「国民の自治研」で行きたいと思っているけど、あんまり私たちが「国民や市民の自治研だ」というと現場ではやっぱりカチンとくるんだろうな。「お金も出して運動しているのになんで『市民の自治研』にするんだ」という、そういう批判は内部ではありました。

そりゃ労働組合だから、労働条件をよくすることが最大の目的で、あまりにも労働組合の運動について注文を付けたり、「労働組合主義だ」と言われちゃうとやっぱりカチンとくる。そういう軋轢はありました。

具体的な例でお話すると、市民の要求が明らかになって、それに対応する取り組みをすすめようとすると、結果として仕事以外の用事が増えたりして、嫌がられたこともあります。

東京都の公害研究所の所長になった**田尻宗昭さん**もよく言っていましたけど、彼が仕事が終わってから「これから公害の調査に行くぞ」と言ったら、労働組合役員から「時間外労働で……」と嫌な顔されたり。

だけどその時間にならないと住民と話し合いができないんだと。だから行こうと言っても、嫌だと言われる。お医者さんなんかもそうだけど、社会サービスをしている労働者というのは難しいよね。そういう問題が常に公務員の場合はある。

それでも衛都連は、いろいろありながらも、全体としては自治体問題研究所をよく支えてくれたし、労働組合の中に研究者をつくってくれたと思います。

大阪は高度成長期の都市政策の最先端を走っていた

もう一つは、高度成長期の都市政策の先端を走っていたのが当時の大阪だったということですね。

大阪は戦後の自治体がやる地域開発の最も先端を走っていて、本来は大都市の中に造っちゃいけない堺泉北のコンビナートを造る。

これは関東では元々重化学工業が強いので川崎や千葉の沿岸部に重化学工業が立地しましたが、歴史的に大阪の中心的な産業は繊維をはじめとする軽工業で、重工業では首都圏にたち遅れている。だからここに中

田尻宗昭
公害問題評論家、神奈川労災職業病センター所長、著書に『四日市・死の海と闘う』『公害摘発最前線』など

堺・泉北コンビナート　1970.7.28　公害海上調査
写真提供：大阪民主新報社

心部に大拠点を造るべきだと。

　大阪が東京に追いつきたいと、堺泉北という大阪では一番環境に恵まれている地域で進め始めた。大阪市沿岸は地盤が弱くコンビナートはできない。だから南の方に計画したんです。

　ただ、大阪府には優れた都市計画の専門家がいて、そういう重化学工業化を進めるなら、同時に労働者の居住地域を広げたいというので、千里と堺泉北にニュータウンを造りました。

　これらの事業のために大阪府は企業局を作った。知事部局から完全に行財政系が独立する形の企業局で、社会資本を全部造る、サービスをする、そこから収入も確保する、そういうすごい部局です。

　そういう意味で、自治体問題研究所としても、政府の高度成長政策のいわば大都市版をやろうとしている大阪で研究活動を中心にしなきゃな

らないということだったんだと思います。

　私は前から自治研活動との関わりで公害の研究を始めていたこともあって、設立総会で記念講演をしてくれと頼まれました。その頃は金沢大学にいたんですが、とにかく地域開発の総合的批判をやろうということで記念講演を引き受けました。

　初代の田村英理事長は大阪の茨木市の市長だった人です。元海軍中将で軍人の経歴を持つ人だけど造船の大家で、茨木市政について極めてよくやっていて尊敬すべきだというので初代の理事長に出ていただいたんですね。二代目が島恭彦先生です。

　自治体問題研究所は、そういう意味では最初から衛都連のお世話になったわけですね。事務局も当時衛都連本部が置かれていた吹田市役所の中に併設させていただいた。

　ですが、全国的にも地域版の自治体問題研究所づくりが進みだした一方で、やはり事務所が大阪だと情報が流れないんです、残念ながら。

　特に当時の自治省とか政府の動きについても情報があまり入らないし、出版しても大阪からではなかなか売れないということで、10年後の1973年に事務所を東京に移すことにしたんです。

　そこで大阪という地域の自治体問題にかかわる学習・研究運動を担うとして、同年に現在の大阪自治体問題研究所が生まれたわけです。

第三章

革新自治体成立の基盤 となった自治研活動

公害問題研究……職場自治研から政策自治研へ

宮本 研究所設立前にさかのぼりますけど、自治研の61年の第5回静岡集会というのは、基本テーマを「地方自治を住民の手に」とするなど、画期的だったんですね。そこで初めて「地域開発の夢と現実」として、高度経済成長がもたらした地域への歪みが告発されました。

それまでは自治研運動というのは職場自治研と呼ばれていて、自治体の実際の姿がどうか、福祉の施策や職場の実態がどうだとか、公共事業がどうなっているかという風に、部門別にそれをどう民主化するかが中心だったんですが、それだけでは物足りないんじゃないかと。

日本の高度経済成長（1955−1973年）の中で地域開発が行われていて、一方で住民の福祉が侵害されている、公害が起こっているじゃないかということで、研究者の中からも「総合的な政策批判の自治研にせないかん」「職場自治研にとどまらず政策自治研にすべきである」ということが議論されて、静岡集会が最初の政策自治研になるんですね。

そこでの大きなテーマは「地域開発の夢と現実」。これは実際に多くの自治体が将来展望として、ものすごいお金を使って港湾を造り、道路、ダムを造り、工場を誘致していたので、そこから起こっている住民生活の侵害の実態を明確にしよう。地方行政というのは企業の奉仕をするようなものではないと、そのことを明確にしたんです。

この集会で、初めて四日市市職労と三重県職労が「四日市に公害あり」ということを報告したんですね。これがものすごくショックを与えまし

た。

　当時は四日市コンビナートが地域開発のモデルになっていて、公害は
発生しないと言われていて、堺泉北のコンビナートもそうですけど、み
んな地方自治体は「四日市を見習え」という形になっていたわけです。

　実際には「公害がある」ということについて、行政としての調査は始
まっていたんですけど、それは絶対に公開しない。それをこの集会で、
四日市の水の汚染と大気汚染については、コンビナートが汚染源だとい
う、名古屋大学と三重大学がやった明確な調査結果を表に出したんで
す。実際は亜硫酸ガス、廃油、重金属で空気や海が汚染され、約800人
ものぜんそく患者がでていたんです。

　これが新聞・雑誌にすごい影響を与えました。「四日市に公害あり」
と雑誌『世界』（岩波書店発行）では、自治研集会のテーマと同じ題名
の「地域開発の夢と現実」という特集をして、自治研に参加していた主
な自治体労働者や研究者を集めて座談会をやったり。それがきっかけに
なって、公害問題という大変な問題が引き起こされていることが広まり
ました。

労働運動に加え市民運動が起き、さらに自治体革新が進む契機に

　四日市の公害問題が引き金になって、全国に公害反対運動が起こり始
めます。一番すごかったのは、清水・三島・沼津の石油コンビナートが
公害をもたらすとして、誘致に反対する運動です🔗。

　それで公害反対運動が勝利して、市民運動というものが一定の社会運
動として認められるようになるんです。

　それまでは社会運動と言えば労働運動で、労働運動が企業や政府批判
の中心を担うというものだったのが、市民生活が侵害されるときに市民
運動が解決する。社会運動というのは、労働運動と市民運動というふた
つの運動が結合して進んで行かなきゃならないんだというのが60年代に
出てきたわけです。

清水・三島・沼津石油コンビナート反対運動

　1963年、工業整備特別地域に国から指定された東駿河湾地区に大規模石油コンビナート建設計画が静岡県三島・沼津・清水の二市一町合併促進の連絡協議会の席上、県企画調整部長から突然発表された。

　しかし、県当局と企業との一体化した誘致運動に対して、四日市ぜんそくのような公害発生の恐れのある企業立地に反対する三島市・沼津市・清水町住民は「亜硫酸ガスより子どもを守ろう」「石油化学コンビナートには土地不売」と標語を掲げてコンビナート進出反対の統一行動を起こし、自治体首長はコンビナート反対声明を発表。石油コンビナート誘致は取りやめとなった。

　公害予防運動の成功例として、後の公害予防行政や公害反対運動に影響を与え、公害対策基本法制定のきっかけともなった。

参考：三島市役所HP「石油コンビナート反対闘争」より

　そういう意味では、自治研活動は非常に大きな役割を果たしたんですね。市民運動というものを生み出すきっかけを作ったと言ってもいい。

　それまでの労働組合は、公害問題について全然駄目だったわけです。化学工業などの分野の労働組合は逆に会社の側に立つわけです。四日市ではようやく市民が訴訟を起こすことになったら、コンビナートの労働組合が運動から脱退するんです。

　つまり当時の労働組合が市民生活を守れず、初めて市民運動の意義が前に出てきたわけです。これがなければ革新自治体は成立しなかったと思います。

　革新自治体が成立することができたのは、もちろん社会党・共産党の両党や総評（日本労働組合総評議会）、これが実際に主力となったことは確かなんですけど、公害反対という市民運動が、住民福祉を求める運動として、この時から力を持つようになったからです。

　社共両党と労働運動、市民運動との結合で生み出されたのが革新自治体 といっていいと思いますね。

革新自治体とは

　政府直結の地方政治を行うのではなく、野党とその支持者や労働組合、さまざまな住民団体などに支持基盤をおいた首長のもとにある地方自治体のことを言います。

　政府の高度成長政策がもたらした住宅、土地、公害などの都市問題の解決を求める住民運動の高揚のなかで、地域住民の期待を担って次々に誕生しました。

　代表的な例として、都府県では蜷川虎三知事時代の京都府（1950〜1978）、美濃部亮吉知事時代の東京都（1967〜1979）、黒田了一知事時代の大阪府（1971〜1979）、長洲一二知事時代の神奈川県（1975〜1995）、屋良ー平良知事時代の沖縄県（1972〜1978）などですが、市町村でも大きく広がり、78年には8都府県、4政令市、97市、4特別区、97町村の210自治体、人口4800万人（総人口の44%）にものぼりました。

　政策では、開発優先政策から福祉優先政策への転換により、福祉の拡充、公害の規制、教育条件の整備などで画期的な実績が生まれ、その施策は、のちに保革を問わず他の自治体にも波及し、さらに国の政策にも影響をもたらしました。

　また住民運動の地方政治への参加要求にこたえて、住民参加、情報公開など地方行政の民主化の面でも、革新自治体はその制度化の端緒を切り開いてきたといえます。

　しかし、こうした政治状況に危機感を持った当時の政権党（自民党）は、革新自治体の中心を担った革新政党の一部や、住民運動に対して、反共意識をあおるなどで分断するとともに、「職員厚遇」「ばらまき政治」など、事実無根の熾烈な攻撃を展開し、財政・経済政策の不在などの弱点とも相まって、70年代後半から徐々に後退していきました。

堺泉北コンビナートの公害と立ち上がった住民・自治体

　大阪は、先ほどもお話したように典型的な高度成長政策の先端を走っていたわけですね。ここでも明らかに公害が起こっていたわけです。

　僕は65年に大阪市大に金沢大学から赴任したんですね。金沢は公害がなくて空気が綺麗だったから、大阪に来てびっくりしました。大阪中心

部に来てみたら空気に色がついている。放っておいたら大阪市民はみんな公害病になったんじゃないかと思うぐらい、ひどい状態でした。

堺泉北の石油・化学コンビナートは、せっかくの綺麗な地域に新しい大規模な汚染源を造ったということだったわけですね。

堺泉北のエリアはもともと、大浜海浜公園などの景勝地があり、綺麗なところでしたから、公害問題に関心はなかったし、大阪府も旧市街地は汚いけど堺泉北地域は四日市のようにはならないと言っていました。

僕が大阪に赴任してきた時に丸山先生と「大阪はちょっとひどい。このままいくと大変だよ」と、科学者会議で何かしようということになった。丸山先生と一緒に当時の堺市職労の書記長と話し合って「堺市から公害をなくす会」をつくった。絶対公害が起こっていると確信をもって言える。それで発足したんですね。それが68年だったと思います。

この運動を進めるためには科学的な証拠がなければならない。大阪府は「公害はない」と言っているわけですからね。

新日鉄堺工場に一番近い住宅地の町内会長に調査活動の相談に行ったら、「喘息みたいな症状の人が多くなってるから、先生達がやるなら調査に協力します」と言ってくれたんです。それで初めて本格的に大気汚染の調査をそこでやったんです。その結果、気管支喘息の患者が16名発見された。「堺市に公害あり」と発表したんです。

大阪府は「公害はない」と言っていたものですから相当衝撃を与えたんですね。きちんとした調査ですから無視はできない。大阪府は慌てて後追い調査をやりましたが、ほとんど数値は私たちの調査と変わらないので、気管支喘息が多いことを大阪府も認めざるを得なくなったんです。

ところがそんな中、大阪府はコンビナー

堺・高石から公害をなくす市民
集会　浜寺公園　1970.7.5
写真提供：大阪民主新報社

ト１区の大拡張計画を発表していたのですね。それで地元は驚いたわけです。公害があると言っているのに、その１区を大拡張して発生源の工場を呼びたいというのでは、とても府を信用できない。

ここから先は大阪の地方自治の力が発揮されたところだったと思いますね。

まず堺市議会が１区の拡張に反対しました。高石市の市議会も、反対するだけじゃなくて拡張計画を決める府議会に座り込んでくれた。

それから反対の署名運動を始めたわけですけど、堺市の商工会議所の会頭がそれに参加してくれたのは大きかったですね。地元企業の中心の吉田久博さんという会頭が、我々が調べた調査に納得してくれて、「府は地元の企業にプラスになっているように言っているけど、ほとんど重要な下請けはそれぞれの企業が連れてきていて、実際は地元にはプラスになっていないんじゃないか。むしろ大気汚染で悩んで、しかも大気汚染の対策のために問題のない中小企業まで規制が強化されている」というので、反対声明を出すんです。

黒田革新府政の誕生と大阪自治体問題研究所の発足

こうした経過もあって、71年の府知事選挙は、「万博知事か公害反対の憲法知事か」という対決構図が極めて明確になったわけですね。公害反対の知事をつくる運動では、大阪市大の黒田了一先生が知事候補を選ぶ選考委員長になってましたけど、なかなか人が決まらなくて、それで「誰もいないなら俺が出る」ってことになったんです。

当時の新聞記者は私たちに「絶対に勝てない。現職は前年の70年大阪万博でこれほど成功しているのに、公害反対運動があるからって勝つわけがない」と言ってました。

だけど、知事選の直前に行われた大阪から公害なくす会の結成総会には中之島公会堂が満杯になるほど集まりましたから、これは勝てるんじゃないかと思いましたね。結局、当時現職の左藤義詮知事は一番の票田

大阪から公害なくす会結成大会　中之島公会堂　1971.2.17　写真提供：大阪民主新報社

である堺で負けたんです。堺泉北地域で2万票の差がついて、それで勝負が決まっちゃった。憲法知事が万博知事に勝っちゃった。

大阪府知事選挙
1971年4月11日 (投票率：63.06%)

候補者	得票数	得票率	党派	
黒田了一	1,558,170	49.77%	無所属	新
左藤義詮	1,533,263	48.98%	自民	現
藤井吉三郎	39,248	1.25%	無所属	新

　この時の選挙でも衛都連がずいぶん大きな活躍をした。それから研究者もね。黒田さんは三高 (旧制第三高等学校：京都大学の前身) 出身で、三高同窓会の支持も強かったと思います。しかも憲法学者でしょう。まさにぴったりだったわけで。

　しかし、黒田さんのそういう資質だけではありません。住民本位の政策を進めていた、京都府の蜷川虎三知事の実績があり、そして東京都の美濃部亮吉知事の業績が大きかったですね。

　革新自治体ができたことを土台にしながら、73年に今度は革新自治体の継続発展やそれを支える自治研運動の大阪での担い手として、大阪自治体問題研究所が発足するわけです。

第四章

革新自治体の全国的な拡大と
自治体問題研究所の果たした役割

革新自治体の全国的な拡大と成果

梶 革新自治体が全国に広がる中、自治体問題研究所は1972年から東京に居を移します。大阪ではそれまでの運動を引き継ぐため、73年6月に大阪自治体問題研究所が発足します。

　黒田革新府政や、大阪での運動にも深く関わって来られた宮本先生に、当時の大阪自治体問題研究所の取り組みや役割などについて、お伺いしたいと思います。

宮本 岩波書店が刊行した『岩波講座・現代都市政策』（全11巻＋別巻、1972年〜）というのは、日本における都市政策の最初の総合的な講座です。シビル・ミニマムの思想🔗を中心において、社会資本の建設と公害防止というのが柱になったので、福祉国家を自治体が代弁する。

　日本では政府による福祉国家ができないので、むしろ自治体が福祉国家を代行するという形の成果が認められました。

シビル・ミニマムの思想

　政治学者の松下圭一氏などが中心になって展開した。
　国家が国民に対して保障すべきナショナル・ミニマムに対して、都市住民の社会保障、教育、衛生、交通機関など、自治体が備えなくてはならない生活環境の最低必要水準を市民の自治によって設定していくとする。

出典：松下圭一『シビル・ミニマムの思想』

　また大阪で黒田府政の時にできた環境政策は素晴らしいもので、日本で最初の「環境保持のための総量規制」をやりました。

　これは個々の汚染物質の濃度規制だけでなく、排出できる大気汚染物質・水質汚濁物質の総量を定め、硫黄酸化物等の総量規制を行ったものです。

　ものすごい労力がかかったと思いますが、京都大学出身の大塩敏樹さんを大阪の環境政策の中心に据えて、大阪の全ての主要汚染源についての情報を一箇所に集めて、それで環境基準を超えたら、指令を出してそれぞれの汚染源の規制を出来るように体制をとったわけです。

　この「総量規制」は全国に影響を与えたわけで、そういう意味で大阪の当時の環境政策は先端を走っていたと思いますね。

　その他、東京都がやった福祉医療費助成制度など、高齢者・障害者・保育施策が展開されました。保育に関しては、関西でも保育所設置費用をめぐる自治体の超過負担問題を提起した摂津訴訟 ⬛ などがありました。そういう福祉関係の行政の成果も、当時の内閣よりも特に都市部の自治体の方が先行して行っていて、「先取り行政」と呼ばれたのですね。

　当時、革新自治体の下に暮らす人口が全国の４割以上になりました ⬛ 。そのぐらいの勢力になって環境・福祉行政の先端を走ったのです。それは日本の戦後史の中で言えば画期的なことでしたし、今後の非常に大きな参考になるんですね。革新自治体をつくることで、国ができない（やらない）市民生活向上のための仕事が達成できるという経験です。

　1960年代の中頃から1980年代半ばには東京、大阪、京都、福岡、埼玉など、主な大都市圏の知事と市長が革新首長となっていったのです。

　そしてその運動や政策を各地で支えることとも合わせて、全国の都道府県に自治体問題研究所が作られていったわけです。

摂津訴訟

　大阪府摂津市が保育所建設の超過負担の返還を国に求めた裁判。市は 4 ヶ所の保育所建設費 1 億円余りについて、当時の国の法定負担（ 2 分の 1 ）の交付を申請しました。しかし、国は「補助金適正化法」を持ち出し、費用負担を 2 つの保育所に限り、また負担額を 250 万円とすることを決定。市は国に対して残額の支払いを求めて1973年 8 月に提訴しました。

　これに対して政府は負担金の交付手続きは正当であり、250万円を超す超過負担の請求には応じられないと主張し、以降、超過負担には踏み込まない戦略を採りました。さらに摂津市が要求した超過負担に関する専門家鑑定を認めた裁判長を交代させ、代わった裁判長は 1 年後審議を打ち切って判決を下しました。

　この判決は国の主張を全面的に認め、控訴審でも摂津市は敗れました。控訴審判決に対し、市は裁判で超過負担の違法性が認定されたこと、実際の保育行政において超過負担が是正されて保育所整備も進むなど一定の成果があったことから上告を断念し、裁判は1980年に確定しました。

参考　以下の論文より作成
大塚勲「摂津訴訟の地方財政への波及メカニズム」（『計画行政』33巻 3 号（2010年）／日本計画
　行政学会）
上代庸平「自治体財政に対する憲法的保障の制度―日本とドイツの比較を通じて」（『Law ＆
　Practice』 2巻（2008年）／早稲田大学大学院法務研究科臨床法学研究会）

革新自治体の広がり

　「革新自治体が78年には 8 都府県、 4 政令市、97市、 4 特別区、97町村の210自治体、人口4800万人（当時の総人口の44％）にものぼりました」

　　　　　晴山一穂・猿橋均編『民主的自治体労働者論―生成と展開、そして未来へ』より

大阪自治体問題研究所設立当初の役割

梶　革新自治体が登場した時代を背景に、1973年、大阪自治体問題研究所が発足したわけですね。

宮本　大阪自治体問題研究所が発足して最初に直面したのが、1975年の

同和行政のあり方をめぐって

　同和地区の「環境改善」と「差別解消」を目的として1969年に制定された同和対策事業特別措置法を背景に、自治体が行う同和事業について、部落解放同盟一部幹部がその窓口を独占し、利権化する「窓口一本化」が市民的にも問題となりました。

　当時の社会党は、部落解放同盟と友好関係にあったことから、「窓口一本化」を問題とせず、「窓口一本化は差別を固定化する」と反対した日本共産党と対立することとなりました。

　黒田府知事の２期目の選挙です。その前から社会党・共産党の間がうまくいかなくなってきていました。とりわけ同和行政のあり方に関わって、革新自治体を支えていた政治勢力がばらばらになり、黒田知事を支える陣営から社会党が離脱したのです。

　そういう状況ではありましたが、どうしても黒田革新府政を２期目に継続させたい。そのための政策綱領づくりを大阪自治体問題研究所が担わなければなりませんでした。

　庄司光さん（関西大学教授　環境衛生学）が初代理事長で出発した、大阪自治体問題研究所の最初の時が最も大変だったと思います。

　どうすれば良い政策綱領にできるか。この政策綱領を作るにあたっては、できるだけ幅を広げようと努力しました。社共共闘が崩れていたので政党は共産党だけ。それでは困るので、例えば神戸市長の宮崎辰雄さんのブレーンだった**新野幸次郎**さん（神戸大学教授）、この人は温和な方で、我々の言っていることについては色々異議もあったんだけど、この件では加わってくれました。

　説得力を高めるために、研究所としてはもうちょっと数量的評価をやろうということで、今まで通りに重化学工業化を進める形の成長政策と福祉や教育・医療などの公共性の高い事業に投資をした政策とを比べ

新野幸次郎
経済学者、『現代市場構造の理論』『産業組織政策』など

て、どちらが経済効果が大きいのか、雇用効果だとか経済効果を弾き出しました。

　それで、今まで通りの成長政策ではなく、福祉と安全を中心にした公共事業でもって大阪府は発展できるという結果を出しました。今まで通りの重化学工業化で進んでいったら、もう市民生活はよくならないということですね。

　そういう役割を研究所が担って、黒田知事は2期目も当選しました。よく2期続いたと思う。あの時は府議会の中でも、与党といえるのは日本共産党と、市民運動が母体の革新自由連合▢ぐらいしか基盤がなかったわけですからね。そういう意味では非常に難しい選挙に勝つことができ、2期目に継続したわけですね。

　ところが、2期目に入るころに「オイルショック」（第1次1973年・第2次1976年）が起こり、いわゆる高度成長が終わったわけです。世界的にスタグフレーションの時代に入ってサッチャー（英）、レーガン（米）、中曽根（日本）という新自由主義（均衡財政、福祉・公共サービスなどの縮小、公営事業の民営化、グローバル化を前提とした経済政策、規制緩和による競争促進、労働者保護廃止などの経済政策）へ行くコースが始まるのです。

革新自由連合

　1977年の参議院議員選挙を機に、革新的知識人・文化人・タレントによって結成された市民参加型政治組織。略称は革自連。

　他の市民型組織に比べイデオロギー色が薄く、1979年の大阪府知事選挙など自治体首長選挙では共産党とともに市民派候補を推した例が多い。

　参議院に議席を得たりしたが、1983年に解散。

出典：小学館　日本大百科全書(ニッポニカ)

第五章

革新自治体の後退と
その原因ともなった弱点

梶 めざましい成果を上げて大都市圏を中心に全国に広がった革新自治体でしたが、80年代以降は後退していきました。

その背景としては、なにより中央政府の政権党である自民党が、地方では与党の立場を失っていたことへの巻き返しや、社会党と共産党の共闘が崩れたことなどの政治的要因が挙げられます。

同時に、革新自治体の多くで財政難の原因が、職員人件費の増大や市民向けの「ばらまき」施策であるとして、自民党などの攻撃の的になったこともよく言われています。

宮本先生は、当時の革新自治体が抱えていた弱点についてどのように考えておられますか。

革新自治体の弱点①：経済政策と税政策

宮本 弱点の第1は、残念ながら財政・経済政策が弱かったことですね。大都市は経済のセンターで、しかも都市に集積した中小企業やいろんな経済的な組織が発展する経済政策を持たなきゃならない。

ところが大阪や東京での経済政策は、実態としては中小企業を保護する社会政策にとどまっていて経済政策にはなっていなかったし、抜本的な経済政策は研究していたけれど立ち遅れたんです。

「経済政策で雇用を拡大し、賃金を増やしてそれで大都市の経済が豊かになる。それに加えて、現在のような中央集権型の租税政策じゃなくて、租税制度を分権型に変える財政改革が必要だ」と、私たち研究者は

ずっと主張していました。

　ところが、なかなかそれを当時の革新自治体の幹部は納得してくれないんです。「商工政策や経済政策というのは中央政府がやることで、自治体がやれることなんてない」とか「国税との関連で租税改革もなかなか難しい」と言うのです。

　経済政策の必要性は、当時の東京都の**美濃部亮吉知事**にも言ったんだけど、美濃部さんもなかなか「うん」と言わない。福岡県の**奥田八二知事**は元々経済学者だから、彼に「福岡県ももっと経済政策を打ち出すべきじゃないか」と言っても「経済政策・産業政策というのは中央政策でなければできない。地方自治体ではやれませんよ」と、マルクス主義の**向坂逸郎**門下の精鋭だったのに全然聞いてくれないんです。

　租税政策の方は、大阪でも東京でも初めから自治体を支えるため改革に取り組んでいたんです。東西合同の研究会があって、ここでは自治体を中心にした根本的な財政改革の案を練っていて、それで東京都が「大都市財源構想」という国税と地方税を合わせた全体の租税体系を民主化するという改革案を出しました。これは今でも使えるぐらいの立派なものです。

　大阪の方も「大阪地方税財政研究会」という優れた研究組織がありまして、もっと具体的に実際に実行できる案を作っていて、東西どちらの案も全面的に実行できれば成功する優れた案でした。

　ところが出した時期が遅れました。スタグフレーションが明らかにな

> **美濃部亮吉**
> 経済学者、東京教育大教授、元東京都知事（1967〜1979年）。著書に『日本経済図説』

> **奥田八二**
> 社会学者、九州大学名誉教授、元福岡県知事（1983〜1995）、著書に『体制的合理化と労働運動』『近代思想史』『労働組合と社会主義政党』など

> **向坂逸郎**
> 経済学者、戦後は社会主義協会を率い、社会党左派の理論的指導者として活躍。著書に『地代論の研究』『マルクス経済学の方法』など

った頃に出したものだから、国としてはそんなものはとても扱いかねるということで、我々が出した案の中で採用したのが事務所事業税でした。

　あと、法人への超過課税。今の産業が社会資本を必要としたり、公害を出したりしているにも関わらず、それに見合う税金を払っていない。それで超過課税を取れるという論理を出した。この超過課税でしばらく大阪府も東京都も収入を確保したんですけどね。

　法人への超過課税と事務所事業税だけは成功したけど、根本的な改革で、例えば売上税（消費税の地方税版）だとか、地方税の中心となる新しい税金の種目については全然問題になりませんでした。

　そういう意味では、残念ながら、財政政策が遅れたことと、経済政策がなかったということが、革新自治体が続かなかったことの基本的な原因の一つでしょうね。

革新自治体の弱点②：市民運動の未熟さ

　もう１つは、これも残念なことなんですが、革新自治体ができてからの市民運動は要求陳情型の市民運動が主流で、自治体の主体として行政参加をしていく市民運動ではなかったんですよね。これには当時の自治体の革新的な職員幹部たちも本当に困っていたんだけれど、その要求をどういうふうに実現するか、その要求が正しいのかという検討なしに、自分たちが作った革新自治体だから要求してもいいじゃないかとする動きです。

　まったく実現性のない、あるいは実現の妨げとなるいろんな問題を抱えた要求をする。そういう意味では、自民党政府に対して自らの正当性だけを主張する要求と同じような形になって、本当の意味での自治の主体としての市民運動がなかなか育たなかった。これが長続きできなかった主体的な欠陥でしょうね。

　これら２つのことを見ると、今から考えると時代の制約があったとは

いえ、残念ですね。

　自治体レベルでの経済政策では、80年代に入ってからかろうじて生き残ったのが神戸の都市経営論 でね、政府の方も都市経営論で、いずれも経営中心で、これまでのように福祉優先、地域財政・経済の発展という形ではない政策を売り物にして、「革新自治体の欠陥」をことさらに喧伝して80年代半ば頃で革新自治体の力を消滅させたと言ってもいいと思いますね。

革新自治体　成果と弱点についての分析が必要

　私は今から考えると、こうした革新自治体が生み出した成果と弱点をもっと十分に分析し、評価をしておくべきであったと思いますね。残念ながら、そういうことが行われないまま現在まで来ていて、最近ひどいのは昭和史を見たりしても、革新自治体という言葉すら使わない歴史家がいるぐらい。あの時の成果が消えてしまっているのはおかしいと思うし、将来どうするかということを考える材料がなくなってしまっていると危惧しますね。

都市経営論とは

　自治体の行政の運営やまちづくりに経営という観点を適用しようとする考え方。
　宮崎辰雄は1969年から20年間にわたり神戸市長を務め、「最小の費用で最大の（市民）福祉を目指す」という方針のもとで市政運営を展開した。港湾部の埋め立てなどによる都市インフラの整備を進めたことでも知られ、その手法は「株式会社神戸市」とも称された。

第六章

新自由主義の台頭と
自治体問題研究所の役割や
研究領域の拡大

新自由主義的行政改革の進行

宮本 1980年代に入ると、政治的な分断が進められ、社会運動も衰退が一斉に進みます。

　特に「中曽根行革」（第二次臨調）⧉で本格化された「新自由主義による改革」は政治的には新保守主義で、地方の財政危機の原因を、住民サービスのばらまきと職員人件費の高騰だとして、市民向け施策を見直すとともに、官公労を中心とする労働組合を解体・弱体化することと並行して進められました。

中曽根行革

　第二次臨時行政調査会（1981年〜別名：土光会長の名を取り「土光臨調」）は、「増税なき財政再建」を達成すべく、三公社（国鉄・電信電話公社・専売公社）の民営化などの提言を行い、中曽根康弘政権（1982年〜87年）の中で具体化された。

　また、後の「省庁再編」につながる総合管理庁構想等も打ち出した。

【国鉄分割民営化】　1987年

　日本国有鉄道を６つの地域と貨物部門に分割しＪＲとして民営化

【電電公社民営化】　1985年

　日本電信電話公社を民営化しNTTとするとともに、電気通信事業への新規参入および電話機や回線利用制度の自由化を認めた。

【専売公社民営化】　1985年

　専売公社が保有したたばこの独占製造権と塩の専売権を、日本たばこ産業株式会社（ＪＴ）に継承

意図的な公務員バッシングの蔓延や民間では反共主義と労使協調路線をとる労働組合が育成されることで、労働運動が市民運動とかい離し、社会的な影響力を失っていくこととなります。

　市民運動も、政府が出す補助金などを使ったNGOの運動になってしまって、行政がやらないことや新自由主義で行政が放り出したことを補完する形の運動になってしまいました。かつてのように、政策を実現する市民運動として一定の政治的な力を発揮することができなくなってしまったのです。

　また、労働行政の中で大きかったのは、雇用問題を扱う労働行政が規制緩和され、民間に開放されてしまったことです。雇用政策は公共性が高く、働くものを守る規制をしなくてはならないのに、職業斡旋・紹介事業などを民間でも行えるようにし、さらに労働者派遣事業の対象事業を大幅に緩和してしまったのです。

　その結果、膨大な非正規職員を作り出す民間の人材派遣会社が大きな力を持ち、その一方で政府が雇用政策の中心を担わない。しかも非正規労働者が増えてくると、労働組合の組織がガタガタになってしまいます。そういう意味で、それ以前の総評や自治労が持っていた力がなくなってしまっているというのが現状だと思いますね。

自治体問題研究所の危機と市民運動としての自治研運動へ

　先ほど市民運動にも課題があったと言いましたが、自治体問題研究所も「地方自治を住民の手に」を掲げて国民運動として出発したはずなんですが、実際には組織や財政的な基盤は自治体労働組合が担っていました。市民の力は十分じゃない状態でした。

　80年代に私が島恭彦先生の後を引き継いで、3代目の自治体問題研究所（全国研）の理事長になった時に、非常に大きな危機に直面するんですね。

　公務員労働組合の力が弱まってくるなかで「自治研運動の担い手がい

ない」「研究所は必要か」「自分たちの賃金もよくならないのに自治研まで手が回らない」「研究所に出すお金はない」と、自治研運動や自治体問題研究所の取り組みから遠ざかろうとする空気が、当時の自治労の主流派の中から出てきました。

　これが島先生から私が受け継いだ時の危機的状態で、大きく言えば市民運動としての研究所なんだけれども、自治体労働組合と市民が共同で支えてくれていたのに、大きな柱である自治体労働組合が引いてしまっては困るわけです。

　この点では当時の自治労京都府本部の吉田平委員長などがずいぶん頑張ってくれて、当時の自治労の中では反主流派でしたけど、京都市職労や京都府職労、大阪衛都連なんかが「研究所を支えなければならない。縁を切るのは大違いだ」と訴えてくれて、この時期の危機を一応は乗り越えました。

　しかし、私は当初から「市民の自治研」でなければならないと思っていましたから、そうなっていない研究所の運動の弱点は正さなければならないと思いました。

　地域研は多くの都道府県で組織されましたけど、さらに市町村レベルで研究所を作り上げていく。できるだけ市民が参加するという形の研究所にしたいとずっと考えて来たし、努力もしてきましたが、完全に成功しないまま次の理事長に譲ってしまいました。

　でも、大阪では吹田市をはじめ、市民の自治研が続けられているし、そういう所の方が自治体労働組合自身もイキイキとするわけで、市民が主体になって動いてくれて初めて「地方自治」の意味や値打ちへの理解も進む。吹田のような取り組みが全国で出てくるのがこれからの方向性だと考えています。

革新自治体後退後の大阪での市民運動──大阪をあんじょうする会 ⧉

　私たちが、革新自治体が後退し始めた時に考えたのは、革新自治体が

大阪をあんじょうする会

　1979年結成。日本環境会議の地域版の大阪都市環境会議。中之島をまもる会—中之島まつりと共同して、水都再生、中之島の景観改善、公会堂の保存をはじめ、ガス爆発の都市災害の防止、都心の盛り場の復活などを掲げ、都市政策の学習会を重ねて若い街づくりの活動家を育てた。

　80年代には大阪市政に対し大きな社会的影響を持った。また、この会の提案で、全国の水郷水都会議、小樽運河の保全、琵琶湖保全などの運動を創ることにも寄与した。

　21世紀に入り、会の運動は中断。

大阪から公害をなくす会HP：2016年　第44回公害環境デー記念講演より

日本環境会議

　「公害研究委員会」（1963年7月発足）のメンバーが中心となって、1979年6月に設立された組織。様々な分野の大学研究者、専門家、実務家、弁護士、医師、ジャーナリスト、全国各地の市民運動や住民運動のリーダー、一般市民、大学院生などで構成され、国内外の公害被害や環境問題の実情に関する調査・研究を行い、各種の政策提言や出版活動など、多面的な活動を行っている。

日本環境会議HPより

考え実践していた市民の福祉を中心にする自治体行政が後戻りしてしまうことをくい止めることでした。

　大阪でどうやって、後戻りをくい止めて、大阪の自治行政が進んでいけるかということを議論して、それで作ったのが「大阪をあんじょうする会」■なんです。

　全国的にも公害環境行政が後退をした時に、それを何とか支え、作り直して進めようということで、79年に「日本環境会議」■という組織を**都留重人先生**が委員長、私が事務局で作ったんです。そしてその第2

都留重人
一橋大学名誉教授　経済学者、第1回「経済白書」を執筆、著書に「公害の政治経済学」など

中之島まつり

　1971年、大阪市は中央公会堂をはじめとした歴史的建造物を壊し、25階建て市庁舎や議事堂、ホールを建設する「中之島東部地区再開発構想」を発表。

　石とレンガ、水と緑が一体となった中之島の景観を一変する計画に対して反対の声を上げた若手建築家・技術者の「新建築家技術者集団」や学者、文化人、市民が「中之島をまもる会」を立ち上げ、その活動として1973年5月5日に「中之島まつり」を開催した。

　その後も、文化の市民運動、主体性を持って何かを創り出す・人間の関係性を作る場所＝ひろばづくりとして、2023年には第50回中之島まつりが開催されている。　　　　　　　　　　　　　中之島まつりHP「中之島まつりの歴史」より

回大会を大阪で開いたのです。

　当時、大阪では色々な形で文化的な市民運動が起こり始めていて、関西財界などが「大阪にコンビナートを作る」というところから、今度は大阪市内の改造をやり始めたので、「大阪市内を市民のものにしたい」「御堂筋なんかを壊してしまっては困る……。」と。

　それで「中之島まつり」が始まっていて、文化的な、あるいは環境を守る運動というのが必要なんじゃないかということで、大阪で都市政策を中心にした会議を開いたんですね。

　今からは想像がつかないでしょうが、中央公会堂が満員になるぐらいに市民が集まってくれて、それで大変自信ができて、都市環境政策を研究していた高田昇さんが作った素案に私が手を入れて「大阪都市宣言」を出しました。

　これをきっかけにもうちょっと元気のいい市民運動をしよう、革新自治体がなくなってしまったけど、これに負けずに元気を出そうとするには何かあった方がいいということで作ったのが「大阪をあんじょうする会」でした。

高田昇
都市計画家、COM計画研究所代表、著書に『水と共に生きる都市』『都市再生・街づくり学』など

　これも10年ぐらいは続けられて、文化人がずいぶんたくさん参加して
くれて、それで「水都再生」というスローガンを掲げました。大阪は水
都であるにもかかわらず、水都でなくなってしまっている。

　宮本輝の小説『泥の河』が象徴的なんですけど、小説で見られるよう
な大阪の豊かな水や緑がなくなっている。ということで、中之島まつり
は「水都再生」というのが大きなスローガンでした。

　同時にまちづくりでは、大阪の中心部のまちが衰退しつつあるので、
それをどう再生するかということを手がけようと、高田昇さんや政治学
の加茂利男さん、『上方芸能』　の木津川計さんたちが頑張ってくれま
したが、私が立命に移ったり、中心的なメンバーが抜けたので潰れちゃ
ったんですけどね。

　10年ぐらいは元気が良くて、中央公会堂を残したりする運動でも力を
出しました。その後は、残念ながらそういう市民運動がずっと続かず、
大阪自治体問題研究所がこうした市民運動を支えていくという形にはま
だまだならなかったなと思ってますけどね。

地方自治に関わる様々な分野を研究する学会の設立

　80年代に入って、労働組合の根本的なあり方を巡って労働運動全体が
二つの潮流に分かれてしまうんです。自治体労働組合でも自治労と自治
労連という風に、同じことが起こりました　。

| 加茂利男
政治学者、著書に『現代政治学』『地方自治の再発見』など

　自治研の運動は自治体労働組合と研究者が軸になっていましたから、労働運動の組織問題に研究者が巻き込まれると大変なことになっちゃうと思いました。

　それで、当時は地方自治関係の研究者による学会がなかったんですね。それで何とかしてこの機会に地方自治学会というものを作りたいと考えました。政党間の対立とかイデオロギーの対立を越えて地方自治を研究する学会にしたいと思ったんですね。

　とはいえ、難しいわけですよね。地方自治学会を作るとなると、学際的なものなので都市計画、建築、公衆衛生の人も入れなきゃならない。そういう問題があって関西の若手で色々議論した。いま作っておかないと、きっと対立する学会がいくつかできて、地方自治学会としての統一した研究組織にならないんじゃないかという不安がありました。

　一番難しかったのは、自治労と自治労連に割れたとき、自治労が大きな研究組織（自治総研）を発足させていたからね。その組織と自治体問

連合・全労連　労働組合の路線選択

　1970年代の革新勢力の前進、革新自治体の広がりに対し、自民党・財界は大きな反撃を加えます。労働組合に対しても、その力を弱めるために、分断の攻撃がかけられました。

　民間大企業の労働組合などが先行して、「反共」「社会党一党支持」「労使協調」を軸に、「政策推進労組会議」を結成。79年末には官公労働組合を含む「総評」はこうした右翼的再編方針を受け入れて、1989年に労働組合の全国組織：「連合」をつくることとなります。

　一方、「労使協調路線」「特定政党支持」「反共主義」に反対し、「政党支持・政治活動の自由」「統一戦線促進」、国民春闘の推進、制度要求の実現、革新統一戦線促進、地方政治と国政の革新などを方針に掲げた労働組合の全国組織：「全労連」が同じく89年に発足します。

　労働組合が二つの潮流に分断されるなか、産業別労働組合の中でも、どちらの全国組織に参加をするかの選択が行われ、自治体労働組合でも「連合」に参加する「自治労」と、「全労連」に参加する「自治労連」に分かれることとなりました。

題研究所が対立してしまうと、学会にはならなくなると思った。

そこで、法政大学の学長で、それまでの自治研運動の中でも中心だった行政学の阿利莫二さんが友人だったので相談に行きました。阿利さんに「今まで地方自治学会がなかったのがおかしい。イデオロギーとかそういったものを越えてこの機会に作らないと困るんじゃないか」と言った。最初は「難しいかも」と言われたけど「そんなこと言わずに一緒にやろうや」と言うと、彼は「一緒にやるけど、宮本と俺は最初は出ないで、佐藤竺さん（成蹊大・行政学）にお願いしようか」という話になった。

佐藤さんも「いい話だ、やろうやろう」と言ってくれたので、佐藤竺さんを最初の理事長にして、ほとんどの地方自治関係の研究者が入ってくれて、86年に日本地方自治学会が発足しました。

自治総研も学会設立の用意をしていました。「自治体学会」という名称で、これは自治体幹部職員が中心で、研究者を含む学会をつくりました。自治体学会は、研究団体というよりは政策交流団体です。従って、地方自治学会と対立するものではなく相互に交流しています。

また、日本地方財政学会もできたのは1992年。これも随分遅れてできたわけだから、いかに地域や地方自治研究というものが、日本の学会の中では本筋にされていなかったことがわかります。

当初は地域問題をやるなんて泥臭いと考えられていました。だから、地域経済学会の設立も遅れて89年。憲法で地方自治が制度化されて40年、その結晶として、革新自治体ができ、それが後退してはじめて、地方自治関係の学会ができるという形になったのです。

そういう意味では、自治体問題研究所は、1963年に設立した訳で、非常に早い時期に、先駆的にできたわけですよ。自慢してもいいと思います。

| 阿利莫二
政治学者、著書に『都市政策』、共編著書に『行政学講座』など
| 佐藤竺
政治学者、著書に『行政システムと市民参加』『地域と行政』など

第七章

維新政治が掲げる
大都市政策に関わって

維新進出の背景と、変化が求められる大都市政策

梶　大阪では現在、維新の会の進出が際立っていますが、その背景や維新の会の掲げる大都市政策について、先生はどのように見ておられますか。

宮本　たいへん残念なことに、大阪は今、維新の会に牛耳られてますけど、維新が出てきた背景には、政府による地方分権一括法 のような分権化を進める政策が進められていることが、逆手に取られた感じがしています。

「大阪都」構想が出た時に、あれが間違いだということは、分権化を進めようとしているグループから見ても明らかだったんです。

維新の会は、80年代から90年代にかけての大阪の衰退を背景として、本社がみんな東京に行き東京一極集中が甚だしくなるということに対抗して、大規模再開発を中心に据えて大阪を東京に匹敵する「副首都」にするという構想を出してきました。

これは分権の基本である、「基礎自治体を中心にする方向で行政の制度を変えなければ日本の将来はない」という動きと逆行する、広域行政による開発政策でした。

これに対して2000年以降の地方制度改革の分権化を進める方向の政策も、必ずしも未だ成功したとは言えない。

そういう意味では、維新の構想は日本経済が衰退する一方で、新しい大都市政策が定まらないときに現れたものであることは確かなんです。私たちも、残念ながら「大阪都」構想に代わる、もっと市民が納得のい

くような大都市政策が作れていないという現状があって、いま難しいところに来ていると思います。

　グローバリゼーションと新自由主義が関わってますけど、その下でできあがってきた新しい大都市政策というのが「世界都市・大都市構想」なんですね。

　1970年代の半ばに第2次産業中心の大都市が衰退して、それに代わって金融・情報・観光という産業構造の変化が始まって、それに伴ってそういう産業に従事する経営者や中間エリート層が大都市の中心の勢力になりました。彼らによって超高層ビルあるいは集積した都心が造られて、「創造都市論」とかいうのが出てくる。

　つまり、ジェントリフィケーションという、中間エリート層を中

ジェントリフィケーション

　貧困層が暮らす都心に富裕層が移り住み、建物の建て替えや再開発、店舗の立地などが進み、居住環境が大きく向上する現象を指すとされる。

　一方で、富裕層が移住して街の姿が変わることで、元々住んでいた貧困層が住宅価格の高騰など生活コストの上昇のために立ち退きを余儀なくされ、地区コミュニティが脆弱になったりするなどの問題が指摘されている。

　一例として、大阪・橋下市長（当時）が掲げた「西成特区構想」の具体化として、大阪・西成あいりん地区でも、昔からのドヤ街に隣接して星野リゾートの豪華ホテルが進出するなど、町の姿を変えつつある。

心とする新しい都市づくりになってきています。そういう都市づくりに維新が乗っかって、支持を広げてきているように思います。

新たな発展が求められる大都市政策

　私はその時代が、いま終わり始めている気がするのですね。

　金融・情報・観光を中心にして産業を進め、あるいは都市間競争をして世界都市を目指すという時代が、今終わりはじめているんじゃないかと思っています。

　ウクライナ戦争やコロナのパンデミック、そして温暖化問題。こういう地球の三大危機の中で、都市政策そのものが見直され、超高層ビルを並べて中間エリート層が移り住み、都市の支配者になるという時代は終わり始めています。

　一方、エッセンシャルワーカーと呼ばれる福祉・教育・医療・公衆衛生というような住民福祉の担い手を中心にする都市づくり、地球環境を維持し、エネルギーや食糧は地元の企業あるいは地域の中で循環する、都市と農村が共存する新しい都市政策、都市間競争ではなく社会的に連帯する都市政策に変わり始めていると思うのです。

　この変わり目を正確に捉えて、都市政策を変える提起をするというの

が自治体問題研究所のこれからの大切な課題ではないかと思います。

　そういう意味で、維新の時代は終わったのではないかと思っています。彼らは全国進出しようとしているけれども、その反面地域政党としての力を失っていくのではないか。維新が進めてきた都市内再開発や都市間競争の時代は終わったんじゃないかと思っています。万博が終わったら変わるんじゃないか。

　維新の都市政策を上回る市民の自覚と運動が必要です。

　都市間競争で世界都市を狙うような時代は終わり、平和で住民の福祉を中心とした落ち着いた大都市が必要で、大都市政策の大転換が求められるというところに来ているということを、大阪自治体問題研究所こそが、かつて私たちがコンビナートやニュータウンを調査したように大阪の実態を正確に学問的に調査研究をして、新しい大阪像を示していく必要があるんじゃないかと思っています。

第八章

自治体問題研究所の
これからの研究課題

都市環境や産業育成政策の必要性

宮本 大都市政策の研究はもちろんだけど、それにつながっていく課題として大阪で考えなければならないのが、地球環境の保全のためにエネルギーだとか食糧だとか、地場産業というものを地域内でどうやって育てて循環させていくかということです。

例えば、都道府県別の再生エネルギー自給率の比率（48頁グラフ参照）を見ると、大阪は5.7％。ほとんど地域の再生可能エネルギーを使ってないわけ。都道府県の平均が20％弱です。

こういう事実を維新に対して突きつけて「何をやっているんだ」と。もっと平和でエネルギーや食糧が自給できるような大阪府でなければならないのに、「大阪府の状態を見てごらん」と。

地球環境政策から見ると、日本の都市の欠陥なので、こういうことを直していかなければならないと思います。

ヨーロッパなどで感心するのは、都市農業が盛んで都市が農地を持っています。

例えばドイツはクラインガルテン法⬀という市民農園法があって、市民が都市農園を運営する権利が法制化されています。

これは長い戦争の歴史の中で孤立をして食糧がどこからも入ってこなければ死んじゃうから、ニュータウンを作る時に農園を作らないと建設を認めない。そこで住んでいる市民が農業をしたかったら農地を貸してもらえる。そういう形が権利の反映として定着しています。

これはエネルギーでもそうで、ドイツでは再生可能エネルギーの電力に占める割合が50%前後ぐらいでしょうね。それはシュタットベルケ📱と呼ばれる、自治体が出資する第三セクターが自然エネルギーを経営するからすごく比率が高くなるんですよね。そういうところまで考えないといけない。

　都市政策が金融・情報・観光に走りすぎて、そのことに血道を上げるのではなくて、これから一番困るであろう、エネルギーや食糧、あるいは福祉・医療について、しっかり考えなくてはいけないので、これは研

クラインガルテン法

　ドイツで盛んな貸型市民農園の一形態。住宅地や線路脇、郊外の空き地などが区画されて希望者に貸し出され、野菜や花を育てたり、芝生や樹木を植えたりすることが定着している。

　長い歴史があり、第一次世界大戦時代、食料の自給のために非常に重要となり、1919年には利用者の権利を保護する法律が定められた。

　現在でもドイツ国内では19の地域組織と1万5200の協会で組織されており、まちづくりの基本として定着している。

シュタットベルケ

　ドイツの「シュタットベルケ」は自治体出資の公社だが、経営は民間企業として実施。

　歴史は古く、19世紀後半から、ガス供給や上下水道、電力事業(発電・配電・小売り)、公共交通サービスなど、時代の変遷とともに時代のニーズに合わせたサービスを提供してきた。

　2000年頃からは、電力自由化やFIT導入などの背景もあり、再生可能エネルギーなどが事業の大きな軸のひとつとなり、安定した収益をあげている。

　ドイツ国内にはシュタットベルケが約1400あり、そのうち、およそ900はエネルギー事業を主事業としている。

　また数多くのシュタットベルケ間での内部情報共有や連邦政府への政策提言を行うため、VKUというシュタットベルケ連盟が設立されている。

一般社団法人日本シュタットベルケネットワークHPより

究所の今後の課題だと思いますね。都市政策を変えろというのがね。

徹底した地域調査で都市政策の展望を

　かつて革新自治体ができる背景に、私たちがやった『大都市とコンビナート』という地域調査に基づく政策提言。これはあの時期における若手の優秀な研究者の英知の結集の賜物です。

　それがあったから、黒田府政の時も我々の研究成果を見て、重化学工業化してもだめで、産業の構造の転換が必要だということが明らかになった。

　あの頃は府の開発関係の官僚も、初めは私たちと対立していたけれど、私たちがやった調査を重視して再検証して、コンビナートの拡張を停止したのですよ。

　大阪自治体問題研究所が、大阪の未来についてそういうきちっとした科学的調査をやって、市民に返すということが必要だと思いますね。そうすれば次の政策の展望も出てくるのです。

　あの頃は30代〜40代の研究者が結集して、共同調査をやった。研究者だけでなく行政職員や企業家にも随分会って、評価を聞いたり、どうしたらいいか検討しました。そういう具体的な地域調査の成果があると、自治体の行政も変わると思います。

　地域関係の研究が遅れてるものだから、「大阪都構想」などというようなものが出てくるのではないでしょうか。

　大阪の研究者に学際的に働きかけて、研究所が大都市問題の国際・国内的な調査研究をしてくださることを願っています。

都道府県別　再生可能エネルギー自給率 (2021年度)

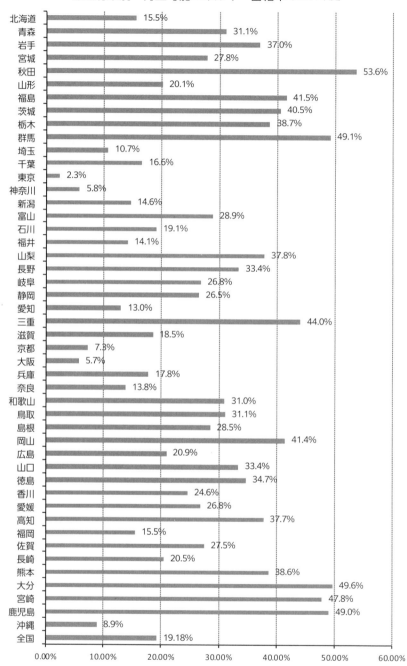

都道府県	自給率
北海道	15.5%
青森	31.1%
岩手	37.0%
宮城	27.8%
秋田	53.6%
山形	20.1%
福島	41.5%
茨城	40.5%
栃木	38.7%
群馬	49.1%
埼玉	10.7%
千葉	16.6%
東京	2.3%
神奈川	5.8%
新潟	14.6%
富山	28.9%
石川	19.1%
福井	14.1%
山梨	37.8%
長野	33.4%
岐阜	26.8%
静岡	26.5%
愛知	13.0%
三重	44.0%
滋賀	18.5%
京都	7.3%
大阪	5.7%
兵庫	17.8%
奈良	13.8%
和歌山	31.0%
鳥取	31.1%
島根	28.5%
岡山	41.4%
広島	20.9%
山口	33.4%
徳島	34.7%
香川	24.6%
愛媛	26.8%
高知	37.7%
福岡	15.5%
佐賀	27.5%
長崎	20.5%
熊本	38.6%
大分	49.6%
宮崎	47.8%
鹿児島	49.0%
沖縄	8.9%
全国	19.18%

千葉大学倉阪研究室・NPO法人環境エネルギー政策研究所『永続地帯2022年度版報告書』より作成

おわりにかえて―このブックレットの活用について

一般社団法人 大阪自治体問題研究所　事務局長　**猿橋　均**

　「自治研」―この運動は、1956年、自治労という労働組合の運動の中から生まれました。

　戦後、今の憲法のもとで、地方自治が明記されましたが、それを支える行財政の裏打ちが不十分で、役割を果たすどころか、深刻な財政危機と政府による自治への介入を生み出しました。

　こうした中で、自治研運動は、はじめは自治労の職場運動としてスタートしましたが、研究者の支えもあって、主権者である住民とともに地方政治のあり方を変える運動へと急速に発展します。

　この運動が原動力の一つとなって、60年代後半から80年代初頭には、公害規制や保育・学童保育拡充、医療費自己負担の軽減をはじめ、住民本意の政策を進める革新自治体の時代＝住民の声に基づく地方自治が花開く時代を切り開いたのです。

　そしてこうした地方自治の発展とそれを支える国民運動の担い手づくりをめざして、自治体問題研究所が1963年に発足し、全国に広がりました。

　今また、政府の無謀な財政運営のツケを、社会保障費削減とともに、人口減少などを口実にした地方財政対策の縮小に求める動きが強まっています。新自由主義がはびこる中、住民サービスの営利企業への丸投げや、自治体ＤＸを口実とした国家統制の強化が、結果として都市部と郡部の格差を拡大するとともに、自治体の行財政運営に関わる自治を奪い公共性を破壊しています。

　一方で、今注目を集めているのは、ヨーロッパに端を発する、ミュニシパリズム＝政治参加を選挙だけに限定せず、地域に根付いた自治的な民主主義や合意形成を重視する考え方です。

　ミュニシパリズムを掲げる自治体は、住民の直接的な政治参加、公共サービスの再公営化や地方公営企業の設立、公営住宅の拡大、地元産の再生可

能エネルギー、市政の透明性と説明責任の強化といった政策を次々に導入しています。

　日本でも、まだまだ端緒ではありますが、ミュニシパリズムの実践を求める市民運動が広がるとともに、いくつかの自治体で、「住民参加制度」や「住民参加型予算制度」などが試みられています。

　その一つである東京都杉並区の岸本聡子区長は、「『オリンピックや万博などの大型開発で経済効果を期待する』という市場任せの政策は、多くの場合住民にその恩恵は及ばない。住民はサービスを受けるだけの存在ではなく、町の専門家。区の職員とともに働くアクター（当事者）として、政治参加を」と呼びかけています^(注1)。

　住民自治に支えられた地方自治の実現に向けた、新たな取り組みが始まっており、自治体問題研究所のこれまでの役割を踏まえた、新たな挑戦課題が広がっているのではないかと考えます。

（注1）「町の専門家は住民、その声を大切にしたい」杉並区・岸本聡子区長に聞く、ミュニシパリズムの可能性
　2023.06.26　Yahoo! JAPAN SDGs編集部
　https://sdgs.yahoo.co.jp/originals/167.html

このブックレットをもとにした学習運動を！

　自治体問題研究所は2023年に創立60年を迎えました。「自治研って何？自治体問題研究所ってどんな役割を担ってきたの？」最近よく聞かれる疑問です。もちろん創立当時を知る人は多くはありません。

　このブックレットは、自治研運動の創成期から自治体問題研究所設立と、その後の地方自治発展の経過について、当初からこの運動に関わってこられた宮本憲一先生に語っていただき、なるべく語り言葉のままに整理し、編集したものです。

　また、それだけではなく、自治体問題研究所の今後に対する先生の思いや、現在大阪を中心にはびこっている「維新政治」の限界性についても述べられています。

　古くからこの運動に関わってこられた方には懐かしく、あらためて頑張る決意を生み出すものに、また、新しくこの運動に触れた方には、わかりやすいように、用語や事象の解説も組み込んでいます。ぜひ、自治研運動や自治体問題研究所へのご理解を深め、広げていただきたいと思います。

あなたも自治体問題研究所の会員に！—ご案内

　自治体問題研究所（全国研）と全国に展開する地方の自治体問題研究所（地方研）は、その設立の当初から、自治体関係者、地域住民、研究者が一緒に学び、一緒に政策や運動を交流し合い、運動をつくってきた個人・団体で構成する会員組織です。

　全国研は毎月発行の機関誌『住民と自治』で、全国の取り組みや運動の交流を行うとともに、毎年7月末に「みんなが先生・みんなが生徒」として自治体学校を開催するとともに、WEBを活用した講座の開催や、地方自治や住民生活に関わる書籍の発行を行っています。

　さらに現在、会員の皆さんへの、インターネットを活用した情報提供の仕組みづくりを進めており、本年（2024年）の夏頃からの運用開始をめざしています。

　地方研でも、独自の所報を発行するとともに、学習会や講座などを工夫をこらして取り組んでいます。

　巻末に、自治体問題研究所と全国の地方研究所の連絡先、および入会申し込み書を掲載しました。記入の上、全国研にFAXおよびメールで送っていただいても結構ですし、地方研に直接送っていただいても結構です。

　会費や、事業案内などについては、詳細はお問い合わせいただければ、詳しい案内を差し上げます。

　ご一緒に、地方自治が花開く、地域と自治体をめざしましょう。

自治体問題研究所

〒162-8512　新宿区矢来町123矢来ビル4F
☎03-3235-5941　FAX03-3235-5933

地域研究所リスト

北海道地域・自治体問題研究所
〒062-0901　札幌市豊平区豊平1条8丁目1-21　野村ビル2階
☎011-837-8261　FAX011-837-8262

オホーツク地域自治研究所
〒099-2493　網走市字八坂196　東京農業大学自然資源経営学科内　菅原研究室内
☎0152-48-3892　FAX0152-61-5111

青森県地域自治体問題研究所
〒030-0944　青森市大字筒井字八ツ橋1293-49　立柳作之進方
☎090-2276-0477　FAX017-764-3213

岩手地域総合研究所
〒020-0021　盛岡市中央通2-8-21岩手自治労連内
☎・FAX019-624-6715

福島自治体問題研究所
〒963-8024　郡山市朝日1-23-7別棟2F　自治労連郡山市職員労働組合気付
☎024-923-0086　FAX024-923-0079

茨城県自治体問題研究所
〒310-0912　水戸市見川5-127-281　茨城平和会館内
☎・FAX029-252-5440

とちぎ地域・自治研究所
〒321-0218　下都賀郡壬生町落合1-15-5　ポラーノ・どんぐり103号
☎・FAX0282-83-5060

ぐんま住民と自治研究所
〒370-3523　高崎市福島町742-5
☎027-360-6019　FAX027-360-6052

埼玉自治体問題研究所
〒330-9301　さいたま市浦和区高砂3-15-1　県職分室気付
☎・FAX048-822-9272

千葉県自治体問題研究所
〒260-0854　千葉市中央区長洲1-10-8　自治体福祉センター1階
☎043-441-5091　FAX043-441-5094

東京自治問題研究所
〒170-0005　豊島区南大塚2-33-10-5F
☎03-5976-2571　FAX03-5976-2573

多摩住民自治研究所
〒191-0016　日野市神明3-10-5　エスプリ日野103
☎042-586-7651　FAX042-514-8096

神奈川自治体問題研究所
〒220-0031　横浜市西区宮崎町25　市従会館内
☎・FAX045-252-3948

にいがた自治体研究所
〒950-0901　新潟市中央区弁天3-3-5　新潟マンション305号
☎025-240-8645　FAX025-240-8646

富山県自治体問題研究所
〒932-0021　小矢部市田川2502　山崎勇方
☎0766-67-3668　FAX0766-67-3567

いしかわ自治体問題研究所
〒921-8062　金沢市新保本4-66-4
☎090-3885-1526

長野県住民と自治研究所
〒398-0002　大町市仁科町3302　NPO地域づくり工房気付
☎・FAX0261-22-7601

静岡県地方自治研究所
〒422-8062　静岡市駿河区稲川-2-1　セキスイハイムビル7階　静岡自治労連気付
☎054-282-4060　FAX054-282-4057

東海自治体問題研究所
〒462-0845　名古屋市北区柳原3-7-8
☎・FAX052-916-2540

滋賀自治体問題研究所
〒520-0051　大津市梅林1-3-30
☎・FAX077-527-5645

京都自治体問題研究所
〒604-0863　京都市中京区夷川通室町東入ル巴町80　パルマビル2階D
☎075-241-0781　FAX075-708-7042

大阪自治体問題研究所

〒530-0041　大阪市北区天神橋1-13-15　大阪グリーン会館5F

☎06-6354-7220　FAX06-6354-7228

兵庫県自治体問題研究所

〒650-0011　神戸市中央区下山手通3-11-17　四興ビル3F

☎078-331-8911　FAX078-599-5531

奈良自治体問題研究所

〒639-1160　大和郡山市北郡山町246　大和ビル　奈良自治体労働組合総連合内

☎0743-55-3060　FAX0743-55-1455

和歌山県地域・自治体問題研究所

〒640-8323　和歌山市太田2丁目14-9　太田ビル203号

☎・FAX073-488-3127

とっとり地域自治研究所

〒680-0833　鳥取市末広温泉町203　鳥取医療生協気付

☎0857-24-6161　FAX0857-27-0881

しまね地域自治研究所

〒690-0886　松江市母衣町55　しまね労連内

☎0852-31-3396　FAX0852-21-8998

岡山県自治体問題研究所

〒700-0905　岡山市北区春日町4-26　地方自治会館内

☎・FAX086-232-4555

広島自治体問題研究所

〒730-0051　広島市中区大手町5-16-18

☎082-241-1713　FAX082-298-2304

徳島自治体問題研究所

〒770-0023　徳島市佐古三番町7-4　澤田店舗1階

FAX088-679-8641　E-mail：kokoro-soudan379@ma.pikara.ne.jp

香川県自治体問題研究所

〒760-0068　高松市松島町1-17-10　瀬戸内ビル　香川自治体一般労働組合内

☎087-833-7501　FAX087-833-7533

高知自治体問題研究所

〒780-0861　高知市升形4-28　ダイアパレス升形102　高知自治労連内

☎088-822-1011

福岡県自治体問題研究所

〒812-0011　福岡市博多区博多駅前1-19-3-508

☎・FAX092-472-4675

NPO法人くまもと地域自治体研究所
〒862-0954　熊本市中央区神水1-30-7　コモン神水内
☎・FAX096-383-3531

みやざき住民と自治研究所
〒880-0873　宮崎市堀川町109-5　橋口剛和社会保険労務士事務所気付
☎0985-29-5377　FAX0985-29-5378

長崎県地域・自治体研究所
〒850-0031　長崎市桜町5-7　長崎自治労連内
☎095-825-7513　FAX095-824-2830

おきなわ住民自治研究所
〒900-0022　那覇市樋川2-6-7樋川第1ビル305
☎098-855-2515　FAX098-853-6545

研究所九州連絡所　上記福岡県自治体問題研究所

自治体問題研究所　入会のご案内

1　どなたでも入会できます

　自治体問題研究所は、1963年3月に設立され、創立60年を超える会員制の組織です。

　地方自治の発展と住民生活向上のために、月刊「住民と自治」の発行、自治体学校開催、学習・研究・調査・提言などの活動を展開しています。

　会員は、自治体職員、研究者、地方議員、自治体の諸問題に関心をもつ住民の方、地域の教育・文化・環境運動や高齢者福祉・児童福祉にたずさわる方など様々で、どなたでも加入できます。

2　地域研究所と共通会員制度

　自治体問題研究所（全国研）は、全国の都道府県・地域で活動している37の地方の自治体問題研究所（地方研）との共通会員制度をとっています。

　会員の方には、「住民と自治」（定価800円、送料、会員購読料は会費に含む）を送付します。

　なお、地方研を通じて研究所会員となった方には、地方研が発行する所報等を送付します。

3　会費

　○全国研直属会員

　　個人会員　月額1000円　、団体会員　月額　一口　1000円

　○地方研を通じた会員

　　地方ごとに、所報や取り組み案内、会員特典などの特色があるため、個人・団体会費が異なります。地方研に直接お問い合わせください。

　　また、入会申し込みの際、地方研への入会情報提供の同意をいただいた場合、地方研からあらためてお誘いをさせていただきます。

4　会員の特典

　①　「住民と自治」（定価800円、送料71円、会員購読料は会費に含む）を送付します。

　②　自治体学校などの参加費について会員割引が適用されます。

　③　年内に「会員向けWebサービス」の開始を予定しています。

自治体問題研究所　入会申込書

入会の区分	□ 個　人　　□ 団　体 ※団体加入の場合は会費の口数を記入ください。 　（　　　　　　）口
氏　名 または団体名	（フリガナ）
住　所 （「住民と自治」 送付先）	〒（　　　　　　　）
メールアドレス	＠
連絡先電話番号 （任意）	
職業等区分	□ 自治体職員　　□ 研究者　　□ 議員 □ その他（　　　　　　　　　　　　　　　）
所属団体名	

※この入会申込書は全国研直属会員の申し込みとなります。下記に同意をいただいた場合、入会情報をご指定の地域研究所に提供し、当該地域研究所から、地域研究所会員へのお誘いが行われます。

（1）入会情報を地域研へ提供することに　　□同意します　□同意しません

（2）同意の場合、該当する地域研の名称　　（　　　　　　　　　　　　　　　）
　　※勤務地もしくは住所地の都道府県をご記入ください。

編　者　　一般社団法人　大阪自治体問題研究所

連絡先　　一般社団法人　大阪自治体問題研究所
　　　　　〒530-0041　大阪市北区天神橋 1 丁目13 - 15　大阪グリーン会館 5 階
　　　　　TEL 06(6354)7220　　FAX 06(6354)7228
　　　　　http://www.oskjihi.or.jp/　　Email : oskjichi@oskjichi.or.jp

今こそ地方自治を住民の手に
—— 自治研運動のはじまりと自治体問題研究所発足の必然

2024年 1 月25日　　初版第 1 刷発行

編　者　　一般社団法人　大阪自治体問題研究所
発行者　　長平　弘
発行所　　㈱自治体研究社
　　　　　〒162-8512　東京都新宿区矢来町123　矢来ビル 4 階
　　　　　TEL 03(3235)5941　FAX 03(3235)5933
　　　　　http://www.jichiken.jp/　　Email : info@jichiken.jp

ISBN 978-4-88037-759-9 C0031　　　　　　印刷・製本　㈱耕文社